小跳豆 Jumping Bean 幼兒 德育 故事系列

我不爭吵

U0114869

新雅文化事業有限公司
www.sunya.com.hk

小跳豆
幼兒德育故事系列
跟着跳跳豆和糖糖豆一起養成良好品格

　　父母在孩子的幼兒時期，培養他們的道德品質是極為重要的。因為這時期的孩子還不能很好地控制自己的行為，他們可能常常會為了一些小事爭吵，亂發脾氣；和別人相處時，不講禮貌；做錯了事，不敢承認等等。這時候，我們應該怎樣幫助孩子建立良好的行為，樹立高尚的品德呢？

　　《小跳豆幼兒德育故事系列》共 6 冊，透過跳跳豆和糖糖豆的日常生活經歷，帶領孩子學會誠實、不爭吵、關心別人、不發脾氣、不驕傲和不浪費，進而讓他們明白待人處事的方法。

　　書後設有「親子小遊戲」，以有趣的形式幫助孩子判斷行為的對錯。「培養品德小貼士」提供一些實用性建議予家長，有效地幫助孩子養成良好的品格。

　　在日常生活中，父母也應為孩子樹立好的榜樣，關心他人，對他人有禮貌等，孩子在耳濡目染下自然也會養成良好的品德。

讓親子閱讀更有趣！

　　本系列屬「新雅點讀樂園」產品之一，若配備新雅點讀筆，爸媽和孩子可以使用全書的點讀和錄音功能，聆聽粵語朗讀故事、粵語講故事和普通話朗讀故事，亦能點選圖中的角色，聆聽對白，生動地演繹出每個故事，讓孩子隨着聲音，進入豐富多彩的故事世界，而且更可錄下爸媽和孩子的聲音來說故事，增添親子閱讀的趣味！

　　「新雅點讀樂園」產品包括語文學習類、親子故事和知識類等圖書，種類豐富，旨在透過聲音和互動功能帶動孩子學習，提升他們的學習動機與趣味！

想了解更多新雅的點讀產品，請瀏覽新雅網頁(www.sunya.com.hk)或掃描右邊的QR code進入 。

如何使用新雅點讀筆閱讀故事？

1. 下載本故事系列的點讀筆檔案

1 瀏覽新雅網頁(www.sunya.com.hk) 或掃描右邊的QR code 進入 新雅・點讀樂園 。

2 點選 下載點讀筆檔案 ▶ 。

3 依照下載區的步驟說明，點選及下載《小跳豆幼兒德育故事系列》的點讀筆檔案至電腦，並複製至新雅點讀筆的「BOOKS」資料夾內。

2. 啟動點讀功能

開啟點讀筆後，請點選封面右上角的 新雅・點讀樂園 圖示，然後便可翻開書本，點選書本上的故事文字或圖畫，點讀筆便會播放相應的內容。

3. 選擇語言

如想切換播放語言，請點選內頁右上角的 粵☆普 圖示，當再次點選內頁時，點讀筆便會使用所選的語言播放點選的內容。

4.播放整個故事

如想播放整個故事，請直接點選以下圖示：

5.製作獨一無二的點讀故事書

爸媽和孩子可以各自點選以下圖示，錄下自己的聲音來說故事！

1 先點選圖示上 爸媽錄音 或 孩子錄音 的位置，再點 OK，便可錄音。

2 完成錄音後，請再次點選 OK，停止錄音。

3 最後點選 ▶ 的位置，便可播放錄音了！

4 如想再次錄音，請重複以上步驟。注意每次只保留最後一次的錄音。

爸媽請使用
這個圖示錄音

孩子請使用
這個圖示錄音

跳跳豆和糖糖豆喜歡一起玩耍。

跳跳豆有新玩具，

會給糖糖豆玩。

糖糖豆有新玩具，

也會給跳跳豆玩。

有一天，
跳跳豆抱着一隻小布偶，
玩了很久也捨不得放手，
原來這是他心愛的生日禮物。

小布偶的樣子很有趣，
糖糖豆也想拿來玩，
便向跳跳豆說：
「哥哥，可不可以給我玩？」

跳跳豆雖然不是很願意，
但還是說：
「好吧！不要弄髒啊！」
說完，
就把小布偶交到糖糖豆的手裏。

這時候，
媽媽端着兩杯牛奶走過來，說：
「跳跳豆、糖糖豆，
先來喝牛奶，
一會兒再玩吧！」

糖糖豆很快把牛奶喝完了，
跳跳豆還在慢慢喝，
他忽然看到，
糖糖豆的手上沾了牛奶！

「哎呀！你的手那麼髒，
快把小布偶還給我！」
跳跳豆向糖糖豆高聲叫。

「不還，不還，
我還沒玩夠呢！」
糖糖豆不肯放手，
把小布偶抓得更緊了。

「快還我！」跳跳豆説。

跳跳豆和糖糖豆在爭扯着小布偶，

各不相讓。

他們爭吵得越來越激烈了。

這時，
媽媽從廚房裏走出來，說：
「跳跳豆、糖糖豆，
先把小布偶給我。
你們這樣爭扯下去，
漂亮的小布偶
快要變成一堆破布了！」

「小布偶髒了可以洗乾淨，
破了就不能玩了。
好孩子要互相禮讓，
一起來玩，不是更好嗎？」
跳跳豆和糖糖豆聽了都點點頭。

媽媽問糖糖豆：「弄髒了
別人的東西，應該怎麼說？」
糖糖豆說：「對不起，哥哥。」
跳跳豆說：「沒關係。
但是，下次記得小心呀！」
兄妹倆都笑了起來。

親子小遊戲

看看下面的圖畫，跳跳豆和糖糖豆做得對嗎？請在做得對的 ☐ 內加 ✓。

A.

爭扯玩具，各不相讓 ☐

B.

分享玩具 ☐

C.

一起玩耍 ☐

答案：B、C

孩子互相爭吵，怎麼辦？

🫘 孩子在一起玩耍時，很容易發生爭吵。比如誰拿了誰的玩具，誰不跟誰玩了等等。遇到這種情況時，父母可以先耐心聽他們為了什麼事爭吵，做到心中有數，不要輕易評判。然後父母可以根據情況採取調和的方法，說說雙方的優點，鼓勵孩子有勇氣承認錯誤，讓他們互相說聲「對不起」，孩子很快就會和好了。

🫘 遇到孩子爭吵時，父母一定要有耐心，要以理服人，不要因為誰會說、誰的力氣大就說誰佔理。這種不公正的評判，會使孩子是非不分，影響孩子的個性發展，以致影響孩子正確認識做人的標準。

小跳豆幼兒德育故事系列

我不爭吵

原著：秋千

改編：新雅編輯室

繪圖：何宙樺

責任編輯：趙慧雅

美術設計：鄭雅玲

出版：新雅文化事業有限公司

香港英皇道499號北角工業大廈18樓

電話：(852) 2138 7998

傳真：(852) 2597 4003

網址：http://www.sunya.com.hk

電郵：marketing@sunya.com.hk

發行：香港聯合書刊物流有限公司

香港荃灣德士古道220-248號荃灣工業中心16樓

電話：(852) 2150 2100

傳真：(852) 2407 3062

電郵：info@suplogistics.com.hk

印刷：中華商務彩色印刷有限公司

香港新界大埔汀麗路36號

版次：二〇二一年五月初版

二〇二三年五月第三次印刷

ISBN: 978-962-08-7687-5

© 2021 Sun Ya Publications (HK) Ltd.

18/F, North Point Industrial Building, 499 King's Road, Hong Kong

Published in Hong Kong SAR, China

Printed in China